그래서... 제목이 뭔데? 2

So... what is the title?? 2nd

머리말

작가 우갱의 그림책, 아니 '제목책'은 모든 그림 뒤에 제목이 적혀있어요.
그러나 여기서 제목은 '그림의 정답'이 아닌 '작가의 생각'일 뿐입니다.
한장한장 나의 경험과 감성을 담은 '나만의 제목'과, 작가의 생각을 비교하며 읽어보세요.
가족, 친구, 연인과 나만의 해석을 전달하며 서로의 생각을 공유해보는건 더욱 좋습니다!
읽는 이의 무한한 예술적 감성을 이끌어내는 책, <그래서…제목이 뭔데?>

Every title of this book is on next page of every paints.
The titles of this book are not the 'correct answer to the picture' but rather just 'Artist's thoughts'.
Try reading each page while comparing 'your own title',
that contains your experiences and emotions with the Artist's thoughts.
Sharing each other's thoughts would be perfect
by delivering your interpretation with family, friends, and loves! Enjoy My Book!
Thank you!!

감정의 변환 (외면)
Emotional transformation (from outside)

심야낙서-욱갱

앞사람의 방구냄새

Somebody cutting the cheese

박스 드래곤

Box Dragon

월급날

The Payday

To Bee the DJ

메신저

Messenger

그린 피스

Greenpeace

5 : 5 가르마

5 on 5 part

신규 세입자

New Tenant

… 흙 밑 작업

Under the soil

"그래, 지금 마음껏 놀려라^^"

"Hahaha… enjoy this single moment"

"28937번 훈련병, 강하!!!"
"강하아아아아악!!"

"No.28937, GO!!!!"
"Gooooooooooo!"

"너무 슬퍼말거라, 그저 겨울이 오는 것이란다"

"Don't be too sad, it's just that winter is coming"

어느 개미 화가의 안료시험

Painter Ant's Pigment test

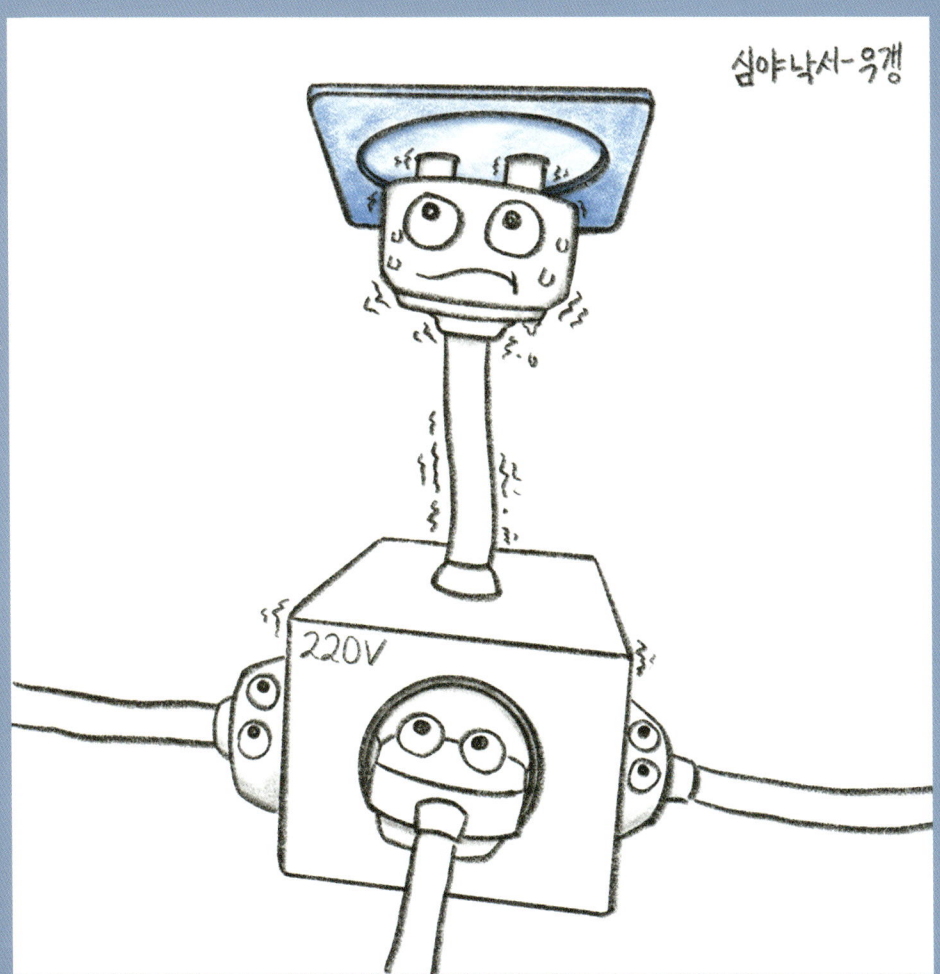

심야낙서 - 우갱

가장의 무게

Responsibilities of Breadwinner

획일화 공정

Procrustean bed

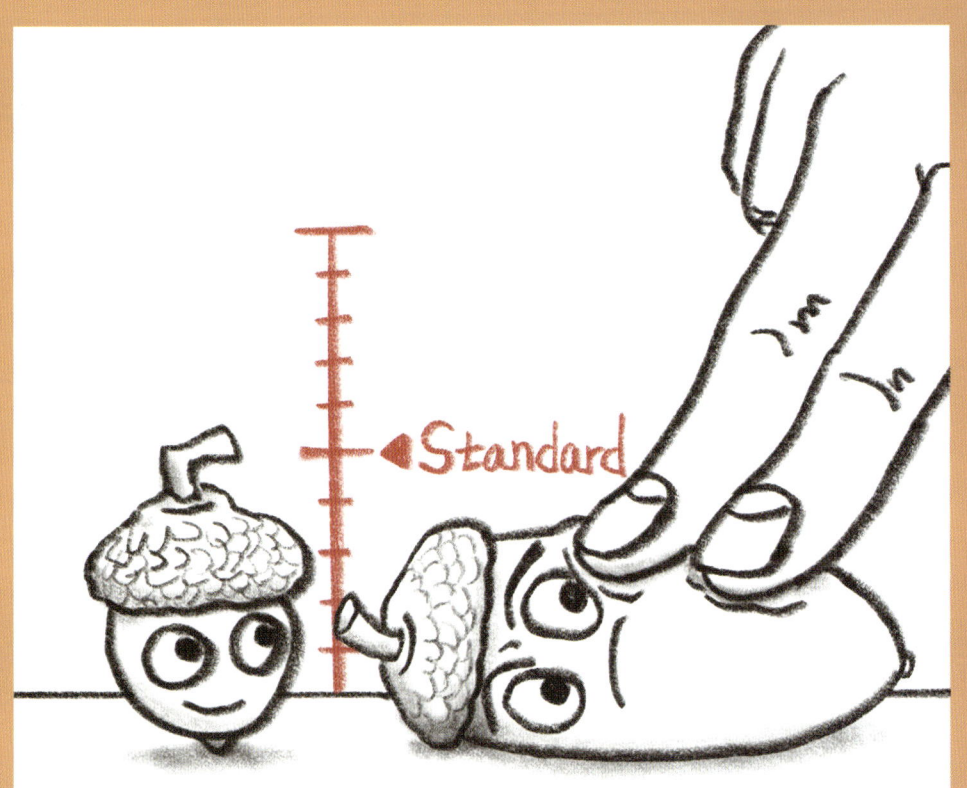

도토리 키재기

Procrustean bed 2

저항의 종말

The End of resistance

사회생활

Jack in the society

멀쩡히 서있는 과녁

Obviously fine target

어느 새하얀 세계의 금연광고

White land's Anti-smoking advertisement

갇혀버린 나의 뮤즈

My pinioned muse

성냥팔이 소녀의 마케팅 비법

Marketing strategy of Little match girl

개인 레슨

Private lesson

퍼스널 컬러 검사

Personal colour analysis

라이언킹

Lion king

어느 그림세계의 바리깡

Clipper in a paint world

어느 발명가의 지우개 굴삭기

An inventor's Eraser Excavator

오레홀

Ore-Hole

해시계

Sun dial

"좋겠다... 넌 아직 사랑받고 있구나"

"I envy you, You're still loved"

심야낙서-육갱

"잘 챙겨먹어야해, 알았지?"

"Don't skip any meal, Sweetie"

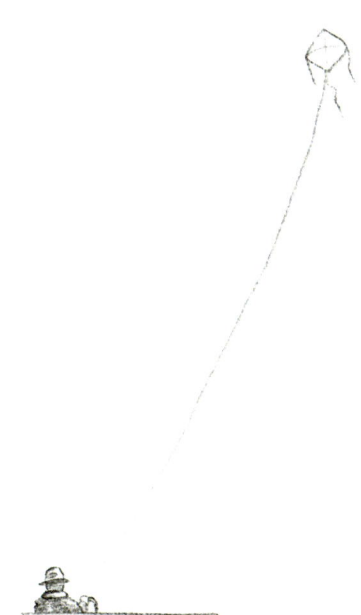

"여보, 나 여기에 있소"

"Honey, I'm right here"

심야낙서-우갱

외발 자전거

"Don't ever say it's over if I'm breathing"

당신들의 잣대로 날 동정하지마

Don't take pity on me by your standard

심야낙서 - 옥갱

보라색 추출장치

Extraction Purple protocol

"괜찮아! 쟤네들은 절대로 진실을 몰라"

"It's truly okay!
Those dumbasses could never know the truth!"

"엄마, 아빠가 힘있는 부모가 아니라서 너를 보낸다"

"I'm sorry that
your mom and dad are not powerful parents…!"

어느 공화국의 쓰다버리는 소모품

A great republic's disposable consumables

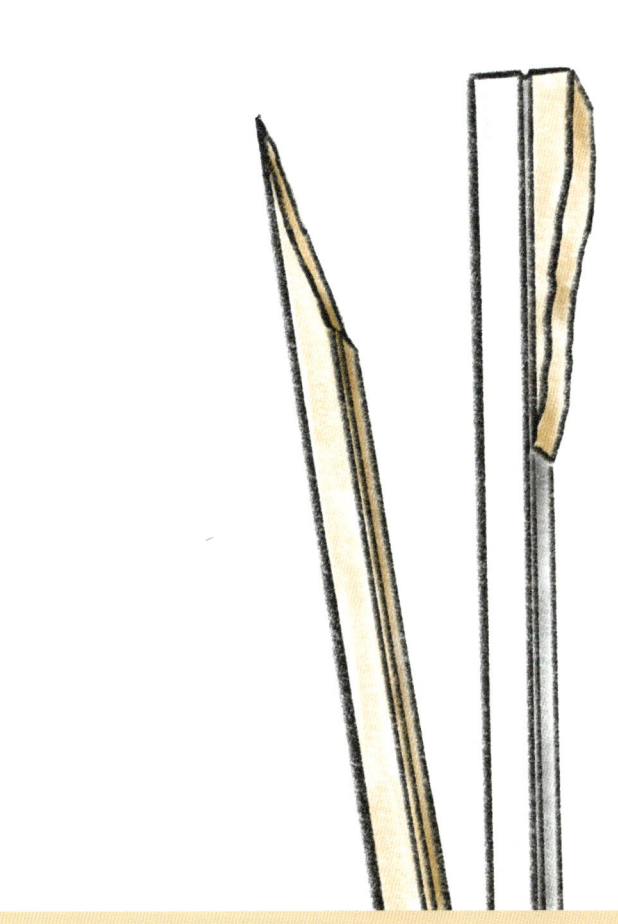

심야낙서-우갱

희망과 절망사이

Middle of Hope and Despair

심야낙서 - 옥갱

헛된 기대 3

Tagtraeume 3

"여섯, 넷, 마침내 둘"

"6, 4, and finally 2"

어느 노인의 그리 오래되진 않은 보물지도

An Old's not such a old treasure map

"하이고 얘들아, 밖에서 뭐하고 있니?"
"엄마 기다리고 있었어요!!!!!!"

"What are you doing here, sweeties??"
"Waiting Mommy mommy mommy!!!!!"

매칭 성공

Matched!

"넌 나에게 없는걸 이미 가지고 있구나,
정말 부러워"

"You already have what I don't have,
So jealous"

감정의 변환 (내면)

Emotional transformation (from inside)

어느 발명가의 낭만 비행장치

An inventor's romantic flight device

악흥의 순간

Moment Musicaux

심야낙서 - 우갱

어느 말라가는 유기체를 위한 제의식

Ceremony for an organism becoming withered

듀엣

Duet

어느 가난한 화가의 탈모치료

A poor painter's alopecia treatment

나의 성장일기

My growth journal

책임전가

Passing the buck

거짓말 탐지기

Lie Detector

시시푸스 실화

Modern Sisyphus

어느 공화국의 '쓰레기를 줄입시다' 정책

'Let's cut garbage down' Policy

"누구보다 낮은 곳에서,
여러분들을 위해 봉사하겠습니다아아아!"

"I swear, I will serve you
in a place lower than anyone else!!!"

심야낙서 - 옥갱

어느 우산배달부의 역설

Umbrella delivery paradox

어느 화가의 완벽한 자기변호

A painter's perfect camouflage

한 때..

I used to...

어느 투명인간의 불투명한 무언가

An invisible man's something visible

단편 영화

Cortometraje

아무리 아름다운 이야기라도,
한 책의 양면은 절대 만날 수 없어

No matter how beautiful the story is,
both sides of single book can never meet each other

때때로 인연

Sometimes... sometimes

불완전연소

A Smouldering

심야낙서 - 욱갱

결국 모든 것은 잊혀질 것이다.
사랑, 명예, 돈, 우정...
한때 선명하다고 믿었던 모든 것들이 결국 희미해질 것이다.
허나, 그럴 수록 더욱 움켜쥐어야한다.
움켜쥐고, 되내이고, 곱씹고, 상기하면서,
'지나간 세월'이라는 단어로만 기억되지 않게끔 노력해야한다.
공허 속을 헤집던 내 삶의 근거를 위해

어느 발명가의 어른을 위한 차단기

An inventor's Breaker for being mature

언제든 쓸 수 있는 소모품

Consumable consumable

먹이사슬

Hierachy

어느 부자의 피서법

Cooling off system

낮술 낙서
-우갱

흡연 자제(子弟)

몬드리안을 꿈꾸는 벽돌공

A Bricklayer dreaming of Mondrian

심야낙서 -우갱

어느 가난한 화가의 검정의 기원

A poor painter's orgin of black colour

성장통

Growing pain

어느 가난한 화가의 벽면 수리작업

Poor painter's repairing crack work

어느 발명가의 태양광 설비

An inventor's Solar power system

탈출

Exodus

"닥터, 아무리 물을 마셔도 갈증이 사라지지 않소"
"그렇담 두배로 마셔보시오"

"Doctor, No matter how much water I drink,
I am still thirsty"
"Then try double times"

캄캄한 앞날이 두렵다는 너의 항적

Wonderful wake from you
saying 'I have a bleak future'

쉬운 아이

Easy life

문에는 감정이 있다.
청년의 긴장이 전해지는 면접장의 문, 자식들의 걱정이 스며든 병실의 문,
허무와 슬픔에 잠긴 장례식장의 문, 연인을 보러 박차고 나가는 문,
새학기의 설렘이 담긴 교실의 문… 문을 여닫는 순간, 수많은 감정이 교차한다.

"문을 쾅 닫았다", "문을 활짝 열고 기다렸다", "문너머에는 아무도 없었다"…
어쩌면 사람의 심리를 가장 잘 투영하는 물체는 거울도, 일기장도 아닌 문일지도 모른다.
때론, 문 너머의 것이 두렵고 피하고 싶기도 하겠지만, 그럼에도 열어야 할 때가 있다.
반대로, 등뒤에 아쉬움과 후회를 남기는 순간이 있겠지만, 그럼에도 닫아야 할 때가 있다.
문너머의 누군가를 기다릴 때가 있는 반면, 아무도 없길 바랄때 또한 있다.

이렇듯, 문을 여닫는 행위에는 수많은 감정과 이유가 있다. 이를 아는지 모르는지,
오늘도 수많은 문들은 누군가의 감정을 열고, 또 닫는다.

우물 밖 개구리의 모험

Adventure of the Frog

에스컬레이터

Escalator

개구리 항공

Frog Airline

개구리 공수부대

Frog Airborne

개구리 훈련소

Frog Training camp

간이 수영장

Inflatable pool

지하철

Metro (Underground)

러닝머신

Treadmill

고데기 구이 전문점

Hair iron BBQ smokehouse

개구리 박사의 태양관측소

Dr.Frog's Solar observatory

개구리 박사의 물리학연구소

Dr.Frog's Physics laboratory

개구리박사의 파운데이션 시험

Dr.Frog's Foundation pigment test

개구리 배관공

Frog Plumber

물감놀이

Paint play

노화방지크림

Anti-Aging cream

가족사진

Family photo

어느 발명가의 물감추진로켓

The Paint-booster rocket

어느 발명가의 물감추진로켓 2

The Paint-booster rocket 2

"오빠 말 잘듣고, 항상 건강해야해…!
그리고 이 어미는 잊어! 그럴 수 있지?? 사랑한다!"

"Follow your brother, Always be healthy…!
And forget everything about mom, okay?? I love you!"

어느 발명가의 낭만 가로등

An inventor's romantic paint lamp

어느 발명가의 물감 소화기

An inventor's paint fire extinguisher

나의 항해는 누구보다 다채로와!

My colourful voyage

빛놀이

Light play

어느 발명가의 낭만천문대

An inventor's romantic observatory

어느 병사의 '싸움을 멈춰주세요' 포탄

A Soldier's 'Please stop the war' cannon

나의 작은별

Estrellita

나의 작은별 2

Estrellita 2

때론, 그럼에도 맞서야할 순간이 있다

Nevertheless, we still have to stand and face it directly

심야낙서 - 옥갱

일식

Eclipse

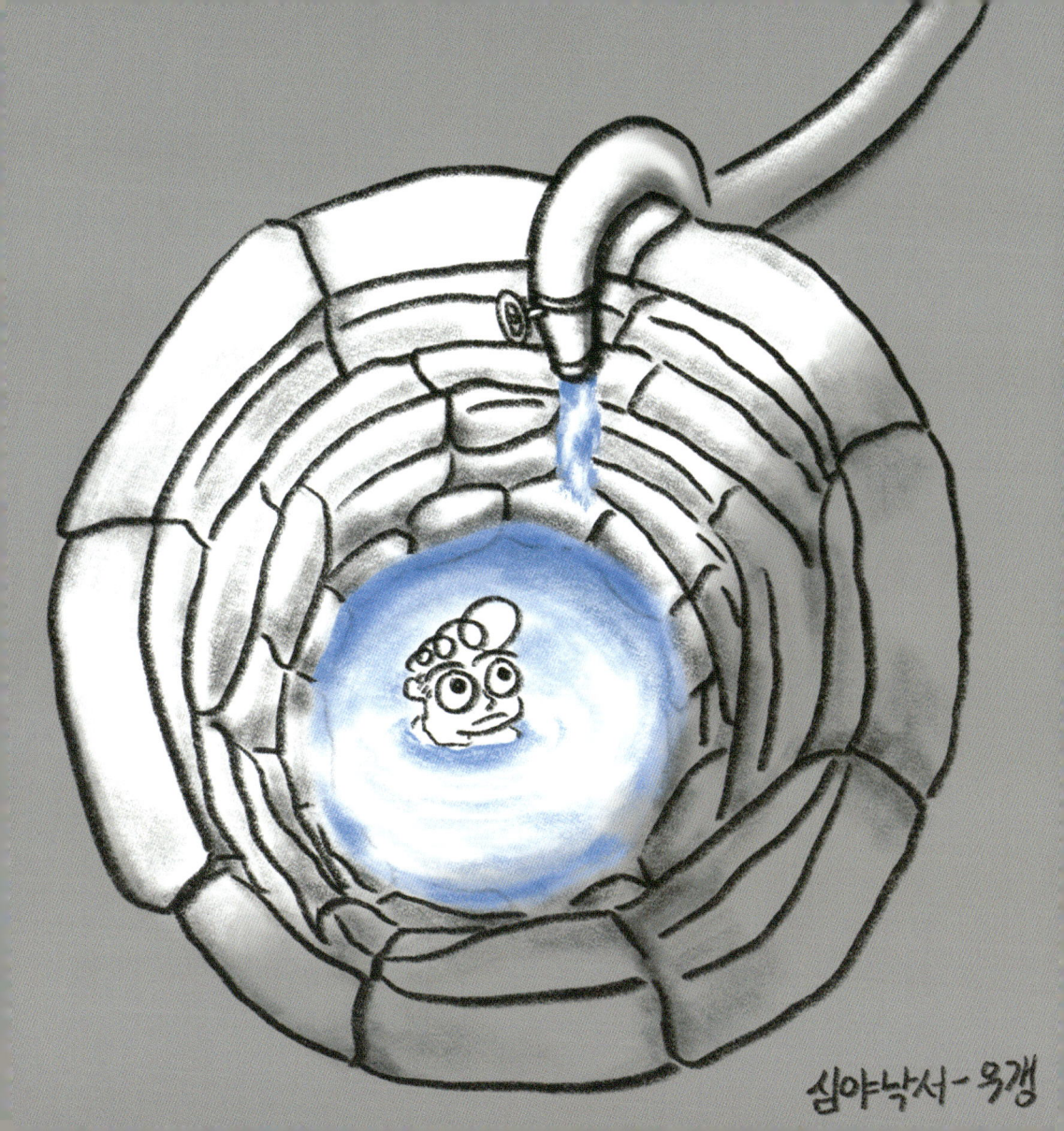

절망과 희망 사이

This is the Last chance to escape, not my Last

심야낙서-우갱

또하나의 반짝임이 꺼져간다.
수많은 손가락과 혀끝에 죄책감이란 없었다 아니,
자신이 아니라는 안도감 속에 숨기고 있을지도 모른다.
다른 이들의 말은 들리지 않았다 아니, 닫힌 귀를 열지 않았다.
내가 날이 서있는 건가? 아니, 지금부터 칼의 손잡이를 잡은 저들을 비난하자

다수의 함정, 계급사회, 집단주의, 파시즘, 인종청소, 근거없는 차별과 혐오...
일원화된 사상과 인격을 가진 집단이 초래했던 수많은 끔찍한 결과들을 마주하면서도,
또다시 순간의 유흥거리와 안도감을 위해, 그저 손가락질 할 대상을 찾을 뿐이다 아니,
무지를 부정하고, 지식을 거부하며, 포용보단 그저 도려내려는 쉬운 선택을 할 뿐이다.

누구보다 빛나는 또하나의 반짝임이 꺼져간다 아니, 그 누구보다 빛났던.

침묵의 대가는 그리 달지 않다

Silence turns into a scream

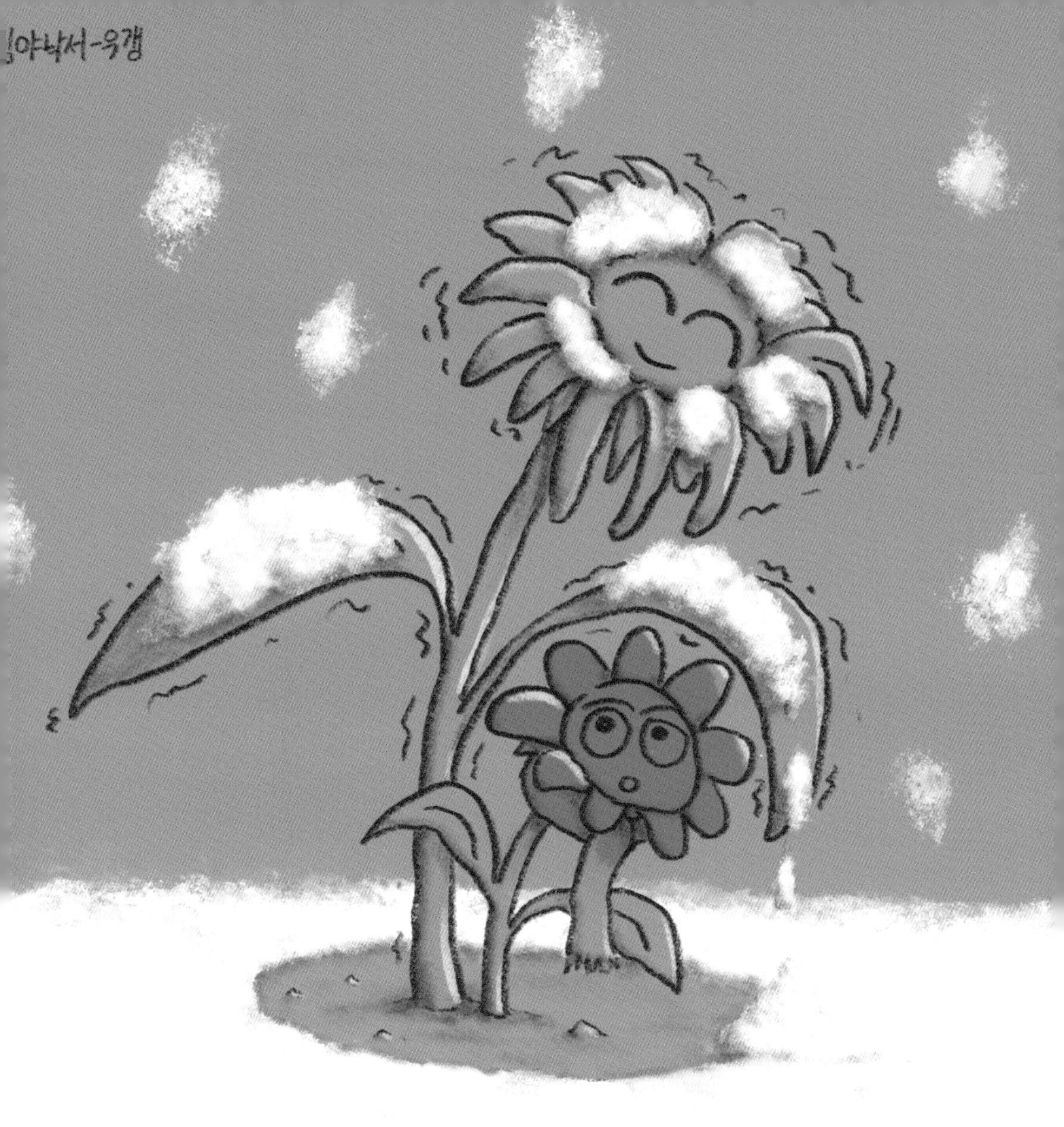
야낙서-우갱

"걱정말고 어서 자렴 아가,
엄마는 누구보다 강해"

"Don't worry, sweetie,
Mom is the Wonder woman"

라그랑주 포인트

Lagrangian Point

"달이 되고싶어, 저렇게 빛나는..." 언젠가 너가 말했다.

너는 알까, 항상 빛을 쫓던 너가, 어느 순간 그 누구보다 빛나는 사람이 되어 있다는 것을.
그런 너를 바라보는 나에게, 저 말이 얼마나 무겁게 다가오는지를.

먼저 손을 내밀어 준 것이겠지.
달은 스스로 빛날 수는 없다고, 나와 함께 하자고, 너만이 나를 빛낼 수 있다고...
언젠가부터 족쇄만을 내미는 나에게, 미련할 정도로 착한 너가.

이끌림, 이 땅을 향한 중력과도 같이 거스리기 힘든 이것.
때론 사랑으로, 때론 미련으로, 때론 욕심으로 불리우는 이것.
나를 향한 너의 이끌림은 분명 미련이오, 너를 향한 나의 이끌림은 분명 욕심이다.
꼭 이끌림에 응해야 사랑일까, 때론 떨쳐내고 멀리둬야 아름다워 지는 것도 있지 않은가.
그래, 밤 하늘에 훤히 빛나는 저 달을 바라보는 것처럼...
'나는 아직 빛나지 않는다'며 내 곁에 머무는 너에게서 멀어져야만 비로소,
저 달처럼 아름다운 너를 품을 수 있을 것이다.

쓰라리겠지, 하지만 그대여. 부디 나를 처참히 짓밟고
깊은 어둠으로부터 멀어지시오, 나를 향한 미련에서 벗어나시오.
그것이 내가 달을 사랑할 수 있는 유일한 방법이외다.

출판에 도움을 주신 분들

고갑영	김정훈	박준신	이경도	지새는달	Andrea Moonbug
고은	김지은	박지훈	이명희	진미영	C.Jessie
공미설	나영쌤	상우	이수빈	진선	Charrons
국화	나향인	솔세미	이완채	진혜연	Ei Phue Myat
김경외	남재훈	송아름	이종무	최경수	Gian Antalan
김다원	달나한	심미향	이지아	최수연	Hyun
김미옥	마나	심세영	임현지	필화	Kimchi & Tea
김미진	망도라블	아깽냥	전명준	하정임	Mira
김민수	박서영	영이	전유정	허용	Myriam
김벼울	박소연	우혜민	전유주		Santiago
김상우	박은찬	유종률	전진호		Whallle
김연주	박정환	윤수민	정호진		Даша
김정숙	박주희	윤창대	조스튜스		

꼬리말